LA GUÍA DE CRAIG LEWIS PARA SOBREVIVIR A LO IMPOSIBLE

Craig Lewis

Better Days Recovery Press

Publicado por Better Days Recovery Press
survivingtheimpossible@gmail.com

Copia editada por Carolyn McGuire
Edición adicional por Emily Ryan y Ali Kat
Producción editada por Jonathan Rowland
Diseño de la portada por Floh Danku

Traducción por Martha Avellaneda Taddei Gomez & Teseo Fournier

Indice

AGRADECIMIENTOS

Le doy las gracias a todos los que me han honrado con sus obsequios, apoyo y amor. Hoy estoy vivo gracias a un puñado de personas que decidieron que valía la pena preocuparse por mí. Hoy estoy vivo porque yo decidí que valía la pena preocuparse por mí. Este libro existe porque tú importas; y yo también.

Mascotas, punk y mi camarada Craig

Conocí a Craig en un taller/ discurso que dio en Malmö, Suecia en el otoño de 2019. No sabía mucho sobre él entonces, sólo que había escrito una guía para nosotros, los especialistas en apoyo. Una colega mía, la mujer con más experiencia en el ramo en el sur de Suecia, lo llamó su mayor modelo a seguir. Como realmente admiro a esta mujer, su compromiso y su amor por ayudar a los demás, ¡me entusiasmé! En los pasillos vi a este crust punk tatuado con orejas perforadas, y pude darme cuenta desde el principio sólo por su aura, que era una persona amable y cariñosa; un humano que sólo genera calidez y vibras positivas. Cuando abrió la boca y empezó a contar su historia, la habitación estaba completamente en silencio.

Bueno, no es que yo sea nuevo en este tipo de cosas. He dado discursos, he organizado talleres y he estado frente a multitudes más veces de las que puedo contar, no sólo como defensor de la salud mental, sino también como músico. Craig me hizo sentir como un simple novato. No me malinterpreten, esto fue algo bueno. En realidad, ¡fue increíble! Me sorprendió su historia, cómo la contó y cómo hizo que todo el público se sintiera incluido y validado. Durante el intermedio, me acerqué y me presenté. He sido un punk durante 29 años, así que no sólo conectamos como sobrevivientes sino también como punks en nuestros cuarenta. No tuvimos mucho tiempo para hablar, pero después de su discurso, tuvimos una conversación muy interesante e intensa. Había mucha gente que se quedó y quería hablar con él así que, aunque hubiéramos podido hablar durante horas sobre la vida, los conciertos, la música y todo lo demás, tuvimos que interrumpirla, pero prometimos que nos mantendríamos en contacto, lo cual hicimos.

He luchado contra la depresión y la ansiedad desde que tenía cinco años. Soy un superviviente y he vivido un infierno. He pasado por altibajos y sigo luchando con mis demonios todos los días. Hablar con Craig siempre me hace sentir mejor, incluso en un buen día. Craig siempre se preocupa, escucha y siempre está dejando caer pequeñas perlas de sabiduría. Es, genuinamente, él mismo; y no puede evitar que su enorme corazón esparza amor. Eso, por supuesto, va en ambos sentidos. Realmente amo a este tipo y cuando me pidió que escribiera un prólogo para su nuevo libro, casi lloré. Es un honor y espero que, a ti, el lector, te ayude y fortalezca en tu viaje hacia la recuperación. No puedo garantizar que este libro resuelva tus problemas, pero puedo garantizar que te hará pensar. Te ayudará, y si estás buscando pruebas de que sobrevivir a lo imposible es posible, ¡Aquí tienes una!

Como especialista en apoyo, encontré que el primer libro de Craig, *Mejores Días*, es una herramienta invaluable en mi trabajo y mis compañeros siempre aprenden algo nuevo durante nuestras sesiones de grupo. Una de las cosas que más disfruto es que cuando conozco nuevos compañeros, con tatuajes en el cuello y con el "PUNX" tatuado en los nudillos, puedo decir que este libro está escrito por un socio punk de Boston. Y de esa forma no sólo ayudo a mis compañeros en su recuperación, sino que también puedo difundir el mensaje de que el punk es amor; es ayudar a tu prójimo, hombre o mujer, o o como sea que te identifiques. Cuando finalmente leí *La Guía de Craig Lewis para sobrevivir a lo imposible*, un capítulo me llamó mucho la atención. Es un tema del que hablo a menudo, y otra cosa que Craig y yo tenemos en común; el amor a los animales, especialmente a los gatos. Si tienes problemas para definir, o sentirte digno de dar o recibir amor, ¿qué mejor ejemplo hay que el amor incondicional de una mascota? Mi viejo gato, Sonic, era mi mejor amigo. Sólo vivió hasta los 10 años, y estuvo enfermo durante 9 de esos años. Yo lo cuidé, y él confió en mí para que le diera medicinas durante más de la mitad de su vida. Me salvó la vida y me hizo seguir adelante cuando los tiempos eran más difíciles y yo quería terminar con todo. Gracias a Sonic, estoy aquí hoy, compartiendo mi mensaje con ustedes.

¡Salve gatos, salve punk, salve vida, salve amor y salve Craig!

Christoffer Francke
Malmö, Suecia

Un Buen Amigo

Si nunca antes te has encontrado con Craig, te vas a llevar una grata sorpresa. En este libro encontrarás una introducción a las herramientas básicas para mejorar tu vida cotidiana. Está escrito en un estilo de prosa/poema fácil de leer, a partir de las experiencias de vida de Craig. La mayoría de los capítulos terminan con algunas preguntas que te hacen pensar. Este es un preludio a su libro de trabajo, *Better Days: A Mental Health Recovery Workbook*.

Craig viajó internacionalmente, enseñando y proporcionando sus métodos. Su libro de trabajo está traducido a más de una docena de idiomas. Conocí a Craig a través de un amigo en común, y se quedó en mi casa después de dar un taller en la Ciudad de México.

Soy un divorciado, graduado que abandonó los estudios, ex-paciente mental, y expatriado, en ese orden. Un año después de mi primera experiencia con el LSD, y meses después de mi primera hospitalización (en 1969), obtuve mi verdadera educación en el Festival de Música original de Woodstock. La música fue genial, pero aún más importante, fue la experiencia de medio millón de personas que eran todos "hermanos y hermanas", cuidándose unos a otros y a la tierra.

Siento que Craig encaja perfectamente en ese molde. Disfruté de su hospitalidad, quedándome en su casa de Salem, y luego lo conocí mucho mejor en México. Su historia se me fue revelando poco a poco, ya que estuvimos juntos en un evento punk, una conferencia internacional de voces en Boston, y más tarde en una conferencia en la Ciudad de México.

Lo que es único de Craig es su habilidad para convertir su extremadamente difícil vida pasada (y a veces presente) en oro. Sin su combinación de genio y corazón, dudo que hubiera sobrevivido, y mucho menos hubiera sido capaz de encontrar maneras de ayudar a los demás. podrás ver esto en acción mientras lees este libro.

Goza de los frutos de la alquimia de Craig leyendo y tomando en serio sus preguntas. Sé que este libro mejorará tu vida. ¡Y comparte esta información, que vale oro!

Aquí está su sitio con otros textos y productos que ofrece, para elevar a los oprimidos, y a la humanidad en general.

Don Karp
Morelos, México

Siempre ahí; nunca estás solo, desde Boston hasta los confines de la Tierra

onocí a Craig en "The Pit*" en Harvard Square, Cambridge MA., alrededor de 1996 o '97. Cuando era un joven de Cape Cod, que realmente no encajaba en ningún sitio, tuve una vida familiar difícil donde no era bienvenido, y descubrí el alcohol como un mecanismo de confrontación. No hace falta decir que esto no fue una buena decisión, y la vida no mejoró hasta que pude aceptar el dolor de mi desconexión.

Necesitaba un espacio seguro y gente segura para poder prosperar. Créalo o no, Craig ayudó a proporcionarme esas dos importantes piezas de recuperación. Puede que ni siquiera fuera consciente de lo importante que era su presencia en mi vida en aquel entonces. Éramos compañeros de habitación en Allston, Massachusetts. Nunca fui muy popular o querida, pero eso nunca le importó a Craig. Me aceptó y quiso lo mejor para mí, y para todos sus amigos.

Puedo decir, honestamente, que no sé lo que me hubiera pasado sin la influencia de Craig. Era una niña sin hogar, sin padres, y sin habilidades en la vida real. Nada de eso importaba. Craig era

tan abierto sobre sus dificultades y tan compasivo con los demás, yo incluida. No había errores que pudiera cometer que fueran demasiado vergonzosos para perdonar. La aceptación fue el primer paso hacia la inclusión y la conexión. No fue hasta años más tarde, cuando ambos habíamos avanzado, que llegué a apreciar plenamente lo afortunados que somos de tener a Craig como amigo. Trabaja incansablemente por el bien de toda la gente que conoce, y me inspira a hacer lo mismo.

Las experiencias traumáticas de la vida de Craig han sido extremas, y ha compartido abiertamente sus luchas. Estoy emocionada e inspirada por el insaciable deseo de Craig de ayudar a los demás, pese a su propio dolor. Este libro es un testimonio de la asombrosa resistencia del corazón humano, contra todo pronóstico. Escrito en un estilo fácil de leer, y planteando preguntas importantes para ayudarnos a explorar nuestro trauma de manera que podamos sanar, *La Guía de Craig Lewis para sobrevivir lo imposible* es una herramienta fantástica para la introspección compasiva y la recuperación.

Christina Hungria
Condado de Barnstable, Massachusetts

---

* "The Pit" es un pequeño círculo afuera de la estación de metro de "Harvard square" en Cambridge MA, este espacio forma una especie de anfiteatro donde en el pasar de las décadas, se han dado cita varios grupos de tribus urbanas. Músicos, parias, punks entre otros que buscaban algún tipo de comunidad.

El punk y la salud mental

Mi banda fue invitada por la Familia Reacciona a hacer una gira por México, viajé junto con buenos amigos y conocí a nuevas y grandes personas. Uno de ellos era Craig. Han pasado 15 años desde esa gira y, aunque perdimos el contacto por un par de años, seguimos siendo amigos. Desde entonces, Craig ha sido una persona que me ha ayudado a superar los momentos difíciles, me ha hecho darme cuenta de mi potencial y me ha ayudado a sobrellevar la depresión y la ansiedad que me persiguieron durante mucho tiempo, pero que han golpeado con más fuerza en los últimos años.

Craig es un sobreviviente, un luchador y, lo más importante, un amigo que, sin importar lo que pase, estará allí.

Su historia no es para los débiles de corazón, pero tomó todo lo que pasó e hizo un hermoso libro de trabajo y viajó por el mundo para ayudar a otros en necesidad de curación y apoyo, manteniendo la ética de la autosuficiencia y la solidaridad de la escena punk.

Ismael Flores
Tamaulipas, México

¡De la supervivencia a la gran vida!

He estado tratando de escribir este prólogo durante semanas. Soy una escritora de corazón y las palabras suelen venirme fácilmente, así que no entiendo por qué este simple prólogo debería ser tan difícil. Creo que mi dificultad ha sido doble. Primero, quiero que mis palabras tengan un gran peso. Mi amigo Craig no ha sido apoyado como debería en la vida, y eso es un gran eufemismo. Quiero transmitir algo más que un simple, "Craig es un muy buen tipo y deberías leer su libro."

Segundo, Craig no es una persona simple, y para explicarlo se necesitan palabras que salten a la vista, que pinten un cuadro, que le ayuden a entender la profundidad de la personalidad y el carácter de mi amigo Craig Lewis.

Para ser totalmente honesta, la mayor parte de las interacciones que tengo con los seres humanos son algo entre leves y profundamente decepcionantes. Mi experiencia con Craig nunca es así. Craig tiene una pasión por la vida, una compasión por todos los seres, especialmente los necesitados, que resuena conmigo personal y profundamente. Es un hombre que, aunque ha sido herido por muchos humanos, irá a los confines de la Tierra arriesgando su propia vida por otro ser humano con una necesidad apremiante. Personalmente he sido testigo de numerosos casos donde Craig rescata a un animal o ayuda a rescatar a un ser humano de una situación insostenible. Sí, Craig ha pasado muchos años en el campo de la salud mental. Pero su comportamiento va mucho más allá de lo que ha elegido como carrera. La verdad es que Craig cree verdaderamente en el amor. Cree en el amor en acción y encarna ese amor todos los días. Craig ha trabajado enormemente en su propio crecimiento interior. Trabaja incansablemente eligiendo el amor por encima del ego, a pesar de estar al borde del abuso institucional. Es valiente y leal y se ha comprometido a vivir su vida a gran escala, con V mayúscula. No hay nada de tibio en este hombre. Y pone su pasión, su experiencia personal, todo su ser en los libros que escribe para ayudar a los demás.

La cultura punk internacional resuena profundamente con Craig y fluye naturalmente de su corazón a sus acciones.

¡Craig está vivo! ¡Y si quieres atrapar algo de esta abundancia contagiosa de la vida y la grandeza, te recomiendo que te una a nosotros, los punks, en lo que podría convertirse en el hermoso y loco viaje de tu vida hacia amar a lo grande y vivir bien! ¡Da el primer paso hacia tu nueva vida y compra este libro!

Karen M. Gagne, MHRT-C
Maine

Introducción

Escribí este libro con el propósito de ayudarme a sanar. Escribí este libro porque no creo que por el hecho de haber sido lastimado los primeros años de mi vida y los que le siguieron, signifique que el resto de ella tenga que ser de menor calidad que aquellosque no han vivido ese tipo de experiencias.

Escribí este libro porque mi corazón estaba destrozado antes de tener la oportunidad de conocer el amor de una manera saludable. Escribí este libro porque no me fue dado amor, al igual que a mis padres no les fue dado amor. Escribí este libro porque tal vez a mi abuela no le mostraron amor y tal vez a sus madres no les mostraron amor.

Escribí este libro porque creo que todas las personas son dignas de tener una oportunidad de sanar, de vivir una buena vida, y de ser quienquiera que estén destinados a ser desde su nacimiento, sin importar lo que les haya pasado en el camino.

Escribí este libro porque la gente importa.

Escribí este libro porque yo importo.

Escribí este libro porque me niego a permanecer en silencio cuando abrir la boca puede ayudar a la gente a sanar.

Escribí este libro porque ya he pagado las consecuencias por ser yo.

¿Y quién soy yo?

Soy un ser humano que aprendió por la mala la diferencia entre estar vivo y vivir de verdad.

Escribí este libro porque la gente importa. Escribí este libro porque todos merecemos aprovechar nuestro potencial.

Gracias por permitir que mi viaje desde la oscuridad hacia la luz te ayude a brillar más mientras sanas tu corazón.

Este libro existe con el propósito de ayudar a hacer del mundo un lugar mejor.

Este libro existe con el propósito de ayudarte a vivir de verdad.

Soy la evidencia de que "sobrevivir a lo imposible" es totalmente posible.

Si yo puedo sobrevivir a lo imposible, tú también puedes.

Amor y Cohetes,
Craig "Goyo" Lewis
14 de septiembre de 2020
México

Un poema titulado: "No eres tan importante"

No eres tan importante, es lo primero que debes recordar.

Tú crees que eres importante, pero en realidad no lo eres.

En realidad, no importas y necesitas callarte.

Recuerda que no eres tan importante, así que métetelo en la cabeza.

Tus sentimientos no importan, así que por favor deja de intentarlo.

Tú eres un problema.

Tú eres un problema.

Tú eres un problema.

No eres tan importante.

El abuso es tan estadounidense como el pay de manzana.

Trata a la gente con amor, amabilidad, honor y compasión y míralos sanar.

Es tan fácil como eso.

La gente que le ha enseñado con sus palabras y acciones que tú no importas son mentirosos, excepto que no te están mintiendo a ti, se están mintiendo a sí mismos.

Tú eres importante; lee estas palabras y entérate que son verdaderas.

No eres un problema, tus sentimientos importan.

Mereces ser tratado con dignidad.

Mereces que te traten con amor, honor, compasión y amabilidad.

Lamento mucho que hayas sido abusado.

"No eres tan importante" es lo que me dijeron.

Es una referencia a toda la gente que le han dicho que merecían ser abusados, que este sobreviviente les recuerde que les han mentido.

Ustedes son importantes.

Son dignos de dignidad, compasión, amor y honor.

Son dignos de que su historia sea conocida y validada.

Ustedes realmente importan.

Estoy 100% seguro de que tú importas .

Les amo y me amo a mí.

Escribí este poema en lugar de beber un vaso de cloro.

Me gustan las metáforas.

Si yo puedo elegir trascender mis momentos más oscuros, tú puedes elegir trascender los tuyos.

Con amor, Alguien que entiende la brutalidad del dolor invalidado.

¿Y qué?

¿Y qué?

Sobreviviste al abuso.

Sobreviviste a la falta de hogar. (desamparo)

Sobreviviste al abandono.

Sobreviviste a la violación sexual.

Sobreviviste a la violencia física.

Sobreviviste a la manipulación.

Sobreviviste al engaño.

Sobreviviste a la corrupción.

Sobreviviste al abuso emocional.

Sobreviviste al encarcelamiento.

Sobreviviste a la tortura legal.

Sobreviviste al descrédito.

Sobreviviste a la humillación.

Sobreviviste a la devaluación.

Sobreviviste al sufrimiento innecesario.

Sobreviviste a lo imposible.

"Eres tan vanidoso, que probablemente piensas que esta canción es sobre ti".

Lo es; y sin embargo aquí estas, justo aquí, ahora mismo.

Desafiando todo lo que te ha pasado, elegiste leer este libro; así que déjame aprovechar esta oportunidad para compartir una joya de sabiduría que aprendí sólo como resultado de sobrevivir a todo lo que está escrito arriba, en un momento u otro de mi vida.

Nadie va a salvarte; debes salvarte a ti mismo.

Ni padres, ni amantes, ni novias, ni maridos, ni drogas, ni médicos, ni trabajo, ni posesión, ni casa, ni coche, ni nada.

Nada te salvará de ti mismo, excepto tú .

Desde el momento en que respiraste por primera vez tienes el potencial y la capacidad de ser cualquier cosa que quiera en este universo; porque estás hecho de polvo de estrellas y naciste con el propósito de mostrarle al mundo cómo amar de nuevo.

¿Y qué? Hoja de trabajo

1. ¿Qué cosa es hermosa acerca de ti, internamente, y que la gente que no ha sido amable contigo sabría si hubiera sido amable?

2. ¿Estás dispuesto a perdonarte por lo que sea que hayas hecho o dicho cuando estabas lidiando con un trauma o un conjunto de circunstancias extremas, que afectaron tu capacidad de responder de una manera fundamentada, racional y razonablemente tranquila?

3. ¿Sabes que si sobreviviste a alguna de las cosas enumeradas en este pasaje (cualquier otro impacto en tu vida, trauma o abuso), eso te convierte en un guerrero? Te convierte en un verdadero guerrero o guerrera de la supervivencia; significa que tienes un magnífico poder dentro de ti mismo para manifestar y transformarte en lo que sea que estés destinado a ser, sin importar lo que te haya pasado. ¿Estás dispuesto a aceptar que tienes poder y que puedes usarlo para mejorar?

Este es su capitán hablando

Este es su capitán hablando.

¿Estás harto de ser infeliz? Esta es una pregunta que me hago más a menudo de lo que nadie sabe.¿Suena trivial, como una pregunta ridícula y obviamente fácil de responder puede parecer tonta de preguntar? ¿Cómo preferiría no sentir un dolor tan terrible al despertar y considerar los hechos de mi vida, por un día más? Queridos amigos, Este es su capitán hablando. * Eres tú, tu capitán.¿No sabes que eres digno de ser amado? Cuando respiraste por primera vez, eras tan inocente como un gatito o un cachorro. Sé que estabas herido. Sé que fue terrible. Sé que es injusto. Tienes una alternativa y yo también; por lo tanto, mi respuesta es: sí, ya estoy harto de ser miserable. La realidad de mi vida es que debo hacerme esta pregunta más a menudo de lo que me gustaría que supieran. La realidad de hacerme esta pregunta tan a menudo como lo hago ha dado lugar a que estas palabras; pensamientos e ideas sean compartidas con ustedes.

*Star Trek

Les habla su capitán Hoja de trabajo

1. ¿Estás harto de ser miserable o de alguna otra emoción de autoidentificación que te quite el poder? Si la respuesta es sí; ¿qué harás en este momento para ser mejor?

2. ¿Sabes que vale la pena ser amado, sin importar lo que alguien te haya dicho o hecho y sin importar lo que tú hayas dicho o hecho a alguien más; incluyéndote a ti mismo? Si sabes que vales la pena, por favor, díselo al mundo y asegúrate de que esto es lo que te dices a ti mismo. Preguntas y respuestas, preguntas y respuestas, preguntas y respuestas.

3. ¿Eres tú el capitán de tu barco?

Habla con el corazón pues las palabras a menudo te fallarán

Vivir con el corazón roto es saber que el amor es real. Si sientes dolor ante el pensamiento o el recuerdo de estar separado temporal o permanentemente de alguien a quien amas; entonces lo entiendes.

En momentos de intensidad y dolor, por favor trata de recordar el pequeño bebé que una vez fuiste y sigues siendo, en lo profundo de tu ser; y haz lo correcto por ti mismo.

Tu corazón es todo lo que tienes. Protégelo. Nútrelo. Asegúralo. Ámalo.

En esta vida loca, demasiadas veces, en momentos en los que me perdí, mis palabras me fallaron.

Lo que se ha dicho se hace, sin embargo, lo que tu corazón diga en este momento, y en cada momento futuro, depende de ti.

Habla con el corazón, ya que las palabras a menudo te fallarán.

Hable con su corazón, ya que las palabras a menudo le fallarán Hoja de trabajo

1. ¿Cómo te sentirías si cada herida de tu corazón se curara completamente?

2. ¿Qué es lo que puedes hacer en este momento para reajustar tu espacio mental y que te permita ver un futuro más hermoso?

3. Si pudieras disculparte con una persona en este mundo, ¿quién sería y qué le dirías?

Un poema de amor propio

Tú eres la más magnífica de todas las criaturas humanas.

Si te enseñaron de forma diferente, te enseñaron mal.

No hay nada malo en tu espíritu que no puedas curar.

Si se te enseñó de forma diferente, te mintieron.

Naciste para hacer el bien en el mundo, oh sí.

Cada cosa jodida que te pasó te enseñó el verdadero significado del amor.

Sé que es duro y sé que puede doler y tal vez sólo tal vez sea verdad.

Tú eres una persona diferente de lo que la gente cree que es . . .

Oh, no me crees . . . ahhhh sí me crees.

Prefiero a la gente cuyas vidas se quemaron hasta los cimientos.

Prefiero a los locos; porque somos las mejores personas en la Tierra.

¿Te han llamado loco?

Espero que sí, yo lo llamo hermoso.

Porque si lo eres, o si te dicen que lo eres o lo eras y estás leyendo ésto; entonces sobreviviste.

Eres un milagro.Estás hecho de acero y aun así tu corazón es puro.

Tú, la persona que está leyendo esto, eres un milagro, ¿lo sabes?

Te ruego que prestes atención a quien está hablando.

Eres un hermoso milagro.

¿Me escuchas?

¿Te escuchas?

No me importa lo que hiciste o lo que te hicieron; aquí y ahora estás vivo, sobreviviste y es un milagro.

Sé lo que es la belleza y se llama amor.

Tu corazón roto puede sanar; sólo cree que es verdad y se convertirá en verdad.

Si te sientes mal por dentro es por una razón.

Algo te ha herido en la vida y lo guardas dentro de ti para sanar.

Y no me importa lo que dijeron de ti.

Dijeron lo mismo o peor de mí.

Esta es una canción de amor para mí y para cualquiera que necesite saber que importa.

Los quiero.

Cómo entender cuando alguien te dice que necesitas "amarte" más

Por todos los niños heridos que conozco en formas adultas. Los que no tuvieron la oportunidad de aprender el amor de forma sana. No están solos.

Somos muchos, somos tantísimos.

Mi corazón ha sido destrozado incontables veces.

Y he roto un sinfín de corazones.

La mayor parte del tiempo no sé cómo estoy vivo. Así que si estás leyendo esto, y sabes de lo que hablo, quiero que sepas que eres grande y digno, y no importa lo que te haya sucedido, y no importa cómo hayas respondido; puedes gritarlo hoy, mañana, la próxima semana, o ahora mismo.

Todo lo que sé es que no tengo más tiempo para gastarlo en ser lastimado.

Mi decisión es elegir el amor en cada momento, ya que cualquier otra opción arriesga mi corazón al último latido; porque los humanos no pueden soportar tanto dolor.

Somos muchos y eres digno.

Soy digno de ser amado.

Dilo en voz alta. "Soy digno de ser amado".

Somos tantos y tú eres tan digno.

Cómo entender cuando alguien te dice que necesitas "amarte" más Hoja de trabajo

1.   Cuando escuchas las palabras "ámate a ti mismo", ¿qué significan para ti y cómo te hacen sentir?

2.   Si pudieras decirle a todo el mundo algo sobre ti que crees que la gente apreciaría y que no saben, ¿qué sería?

3.   ¿Qué significa la palabra "amor" para ti y qué quieres hacer al respecto?

Si estás teniendo pensamientos extremos

Si estás teniendo pensamientos extremos

Se necesita uno para conocerse.

Se necesita uno para entender.

Hay que entender que existen razones por las que la gente dice y hace lo que hace.

Se necesita compasión por los demás y compasión por uno mismo.

Se necesita el perdón.

Se necesita respirar profundamente.

Se necesita encontrar gente segura con la que conectarse cuando más se necesita apoyo.

Se necesita saber que es "normal" tener pensamiento   s extremos, cuando has sido profundamente herido y traumatizado en la vida.

Se necesita dar un paso atrás y trabajar duro para tomar mejores decisiones siempre que sea posible; para obtener mejores resultados.

Es necesario perdonarse a sí mismo por las veces que uno haya enloquecido y por cualquier relación interpersonal que uno haya estropeado, como resultado.

Es necesario decidir que vale la pena enseñarse a sí mismo cómo hacer lo que muchos dicen que es imposible.

Se necesita hacer lo necesario en ti para fortalecer tu habilidad personal de enfrentar situaciones, para asegurar que conservas lo que tienes y permitas que tu vida siga adelante.

¡Se necesita de ti!

Si tienes pensamientos extremos Hoja de trabajo

1. ¿Cuál es la cosa más loca que has hecho y qué aprendiste de ella?

2. Si sientes que vas a enloquecer y arruinarlo todo; ¿cuáles son 1-3 cosas que puedes hacer para recuperar el suficiente equilibrio? (no hay respuesta equivocada)

3. ¿Cuáles son las situaciones, el entorno y las experiencias que causan que tu pensamiento se vuelva extremo? ¿Crees que si puedes responder a esta pregunta, encontrarás una visión más profunda de lo que está pasando y cómo hacer que las cosas mejoren?

Un poema de perdón y sanación

Querida mamá,

Te perdono por tu obsesión de dañar a tu hijo.

Te perdono porque sé que tú misma eres una sobreviviente de trauma.

Te perdono porque sé que tu madre abusó de ti.

Te perdono porque te culparon por tus reacciones a la forma en que te trataron.

Te perdono por estar tan herida y dañada que no aprendiste a amar.

Te perdono por haberle hecho todo ese daño a tu primer hijo.

Te perdono por tener miedo a que tu hijo fuera brillante, creativo, inteligente y cariñoso, y que expusiera inocentemente lo que pasaba a puerta cerrada.

Te perdono por amenazar a un psiquiatra con una demanda si no me diagnosticaba esquizofrenia y me medicaba fuertemente.

Te perdono porque lo hiciste para silenciar mi voz y protegerte, no para ayudarme a sobrellevar algunos síntomas míticos.

Te perdono por contribuir conscientemente a mi abuso sexual.

Te perdono por tu participación directa en que yo fuera violado sexualmente.

Te perdono porque recuerdo cada humillante detalle.

Te perdono porque sé que, en el fondo, te torturan las cosas que te pasaron antes de que me dieras a luz.

Te perdono por haberte esforzado en convencer a todas y cada una de las personas de que yo era un problema.

Te perdono por tener un éxito increíble en esto, porque causó mucho más daño del que cualquier niño debería sufrir.

Te perdono por amenazar a los miembros de nuestra familia para que me abandonaran por proteger tu frágil realidad.

Te perdono por tu implicación personal en obstaculizar mis relaciones con las mujeres.

Te perdono por llamar puta a la última mujer que amé y te presenté.

Te perdono por tus intervenciones al contactar a otras novias y decirles que no deberían estar conmigo, que nunca me convertiré en un hombre, que nunca estaré sano y que nunca llegaré a nada.

Te perdono por ser tan ingenua como para pensar que no se pondrían en contacto conmigo después de todos estos años ahora que estoy sano y me dirían lo que les dijiste.

Te perdono por abandonarme en 2017, cuando tontamente confié en ti por última vez.

Te perdono por amenazarme con un ultimátum de que si no dejaba de hablar de lo que me pasó de niño, en tu casa, ya no tendría una familia.

Te perdono por hacer esa amenaza realidad.

Te perdono porque me niego a permitir que lo que te pasó continúe perjudicándome.

Te perdono porque el ciclo de abuso termina aquí y ahora conmigo.

Te perdono porque no puedes perdonarte a ti misma.

Te perdono porque rechazaste mi oferta de reconciliación incondicional y de perdón público sólo para saber lo que se siente el tener una madre y ser amado.

Te perdono porque todo lo que quería era que mi madre le dijera al mundo que yo era un hombre bueno, inteligente, digno y honorable; y tú no eras capaz de hacerlo.

Te perdono porque pronto te irás.

Me perdono a mí mismo porque no estoy seguro si, cuando eso suceda, mis lágrimas serán de tristeza o de alivio.

Para cualquiera que lea esto, le pido que por favor no permita que el abuso de mi madre sea en vano.

A veces necesitamos ser destruidos para construir de nuevo.

Mi madre me destruyó y aun así viví.

Comparto con el mundo entero; el poder de mi amor; el poder de mi alegría; el poder de mi gratitud; el poder de mi perdón y el poder de mi honor.

Elegí ser feliz como un acto de desafío y amor.

Soy el autor de un nuevo libro que se publicará pronto titulado "La Guía de Craig Lewis para sobrevivir lo imposible".

Soy el autor de mi vida y tú el autor de la tuya.

Cree en los milagros, porque las palabras que acabas de leer están escritas por uno.

Con amor,
Craig

Cómo perdonar lo imperdonable

Crecí en un hogar que era muy cómodo. Siempre teníamos comida, ropa bonita, coches bonitos, nos íbamos de vacaciones, salíamos a comer; nunca tuve que preocuparme por necesidades materiales y tangibles.

Lamentablemente, no recuerdo haber sido amado.

Se hablaba mucho de "amor" pero era sólo una palabra.

El amor, me enseñaron, funcionaba con un sistema de Quid Pro Quo.

¿Sabes de lo que hablo?

Si hiciste lo correcto, según la mano que te alimenta, eres bien alimentado.

¿Y si hacer las cosas correctas para ti significara que tus decisiones fuesen inaceptables para otra persona?

¿Y si hubiera repercusiones por el simple hecho de hacer lo correcto . . . ?

Al niño abusado se le enseña la confusión.

El adulto en el que se convierte no siempre puede estar seguro de si ha sanado y superado esta confusión o si se ha convertido en parte de lo que es

La falta de intención en la reacción del sobreviviente, y la vil explicación detrás del comportamiento; a menudo, según parece, se pierden, a favor del castigo, el abandono y la traición.

Si no le gritarías a un niño de tres años que tuvo un "accidente", ¿por qué gritarle al adulto al que le enseñaron los caminos del mundo a través del abuso?

Si se convierte en este adulto, y el mundo le desprecia, le degrada y le aparta por la fuerza; entonces aprenderá de la forma más dura que perdonar lo imperdonable puede ser posiblemente su puerta a la paz.

Cómo perdonar a los imperdonables Hoja de trabajo

1.   Apuesto a que hay algo que te molesta y que nunca se te ha validado. Después de leer el pasaje anterior, ¿qué harás hoy para mejorar tu vida?

2.   ¿Por qué crees que has sobrevivido a todo lo que te ha pasado?

3.   Mi definición de amor es _____?

Para sanar del daño que otros te han hecho, puede que requieras perdonarte a ti mismo primero

Perdonarte a ti mismo por responder de la manera en que lo hiciste, debido a lo que te sucedió, puede ser la cosa más difícil que harás en el camino hacia la sanación, la recuperación y en vivir una vida mejor.

Cada persona en este planeta está jodida.

Esta es la verdad que la mayoría de la gente no quiere admitir.

Mi nombre es Craig Lewis y no tengo nada que perder, así que como estás leyendo este libro que fue escrito, basado en mi propia experiencia de aprender a sobrevivir y trascender lo imposible; me niego a darte nada menos que el 100% de pureza del pozo de mi alma.

Este libro en parte es mi carta de responsabilidad a aquellos que me han hecho daño a lo largo de mi vida.

Pasé mucho tiempo confiando en otras personas, creyendo que su palabra era un vínculo y que me ayudarían. Es fácil, piensan muchos, tirar al bebé junto con el agua del baño y no dar crédito donde se debe. Bueno, tanto si ves todas tus experiencias como desafortunadas o afortunadas, todavía tienes que lidiar con lo que pasó.

Este es un requisito para la sanación que estoy aprendiendo a cumplir. Necesito tener éxito y la única garantía de que puedo respaldarme a mí mismo, es que siempre haré lo mejor para amarme y sanarme, para poder vivir la vida para la que nací; sin importar qué.

Para sanar de cómo te han herido otros puede que sea necesario que primero te perdones a ti mismo Hoja de trabajo

1. Si puedes escribir una lista de todas las personas que te lastimaron, también puede escribir una lista de todas las personas que te ayudaron. Incluso si el único nombre que escribes es el tuyo; eso es suficiente.

2. En el fondo, estamos todos jodidos, pero tú puedes vivir de verdad, empezando ahora mismo y en cada momento que elijas ser la mejor versión posible de ti mismo. ¿Crees que tienes el poder de transformarte radicalmente y qué puedes hacer hoy para levantarte y ser la persona que siempre quisiste ser?

3. El autor de este libro es un niño abandonado; es brutal. Sin embargo, si pude reordenarme lo suficiente para hacer este libro una realidad; entonces soy toda la prueba que necesitas para saber que sobrevivir a lo imposible es absolutamente posible. Tengo que perdonarme varias veces al día para estar bien. ¿Qué tienes que hacer tú para estar bien?

Si tu compañero animal te ama incondicionalmente

Si tu compañero animal te ama incondicionalmente, tal vez veas la verdadera belleza que existe dentro de ti.

Siempre apreciaré el amor de mi dulce niño, Max el Gato.

No importa en qué lugar de la Tierra esté, respirando o descansando en paz; él me ama y yo lo sé.

Despedirme de Max el Gato fue una de las experiencias más duras y dolorosas de mi vida.

Siento que abandoné a mi hijo, mi mejor amigo rescatado al que me dediqué a cuidar por el resto de su vida.

Qué bendición es para todos nosotros saber que meses después de que regresara a la calle, después de que su madre adoptiva, la cual amaba a Max tanto como yo, fuese desplazada y que ahora ha fallecido; ah sido adoptado por una familia cariñosa una vez más y ahora está seguro y cuidado por el resto de su vida.

Lo llamo mi "Dulce Bestia", y es mi mejor amigo.

En las buenas y en las malas, esta criatura peluda de 28 dedos me amaba; desafiando mis muchos momentos difíciles, mis altibajos y varios casos de caos y locura absolutos.

Ha pasado mucho tiempo desde que sentí el calor de Max el Gato, sin embargo, nunca olvidaré el poder de su amor por mí.

Si él me ama, no importa cuán duras o terribles hayan sido las cosas conmigo; entonces debo valer la pena, ¿verdad?

La gente suele decir "Los animales saben", así que si su cuatro patas, su amigo emplumado, su compañero anfibio, su amigo pez, incluso arácnido . . .

Así que tal vez, en esos días, cuando es difícil imaginar que el mañana pueda llegar, como me sentí hace apenas tres días, tal vez recuerda que su alguna vez has sido amado incondicionalmente por tu compañero animal; tal vez ellos saben de lo que están hablando . . .

Si su compañero animal le ama incondicionalmente Hoja de trabajo

1.　¿Cuál es el recuerdo más bello o pensamiento acerca de un animal de compañía que ha estado o está actualmente en tu vida?

2.　¿Crees que tu compañero animal te ve como la criatura más hermosa, perfecta, especial y maravillosa de su vida?

3.　Si tu animal de compañía te dijera, con palabras, cuánto te ama; ¿cuáles serían esas palabras?

Un loco especial

Como muchos saben, creo en los milagros porque soy la prueba viviente.

Pero, ¿dices que te sientes molesto?

Sí, mi cerebro me juega malas pasadas cuando _____ sucede.

A veces pienso que estoy realmente loco; y la verdad es que lo estoy.

Resulta que soy un loco un poco especial, un loco mejor. Es algo bueno, acéptalo; eres genial.

Con la sinfonía de la cigarra como mi banda sonora a la hora de dormir, confío en todas las cosas bellas y verdaderas.

¿y tú?

Un loco especial Hoja de trabajo

1. ¿Qué es un milagro? Nombre un milagro que hayas experimentado.

2. ¿Crees que tus pensamientos resultan en los sentimientos que experimentas?

3. ¿Qué significa que tu cerebro te juega malas pasadas y qué crees que puedes hacer al respecto?

Reducción de daños para los supervivientes del TEPTC (Trastorno de Estrés Post Traumático Complejo)*

Si eres como yo, entonces sabes un par de cosas sobre cómo alocarte.

Si eres como yo, entonces ves el mundo y la gente de una manera muy diferente.

Si eres como yo, entonces sabes de pérdidas innecesarias.

Si eres como yo, entonces experimentas cómo la gente te trata de manera que el resto de la sociedad a menudo no puede entender o comprender o empatizar o apreciar.

Si eres como yo, puede que ya hayas considerado terminar con tu vida el día de hoy como parte de tu experiencia de vida cotidiana, y sin embargo, ya que estás leyendo esto, estás aquí ahora. Agradece al universo.

Si eres como yo, entonces sabes que la mayoría de la gente que te conoce te ha visto enloquecer. No entienden que estás rebosante de tanto amor que cualquier cosa que disminuya tu verdadera belleza se siente como un golpe de muerte.

Porque no entienden y no pueden entender; es más fácil para ellos alejarse.

Si eres como yo, entonces sabes lo fácil que es resolver las cosas que te meten en problemas. Si eres como yo, entonces sabes lo difícil que es conseguir que alguien te escuche y te ayude a resolver las cosas que te meten en problemas.

Hoy es viernes 30 de agosto de 2019. Necesitaba desesperadamente ayuda y no pude conseguirla. Es común para mí que los problemas menores estallen en crisis mayores, que son evitables. Así que me ayudé a mí mismo.

En un acto de amor propio mientras elegía vivir el momento; elegí hacer algo que es dañino y tiene consecuencias. De hecho, elegí la vida. Elegí celebrar y nutrir la belleza natural que existe dentro de mi corazón. Sí, absolutamente elegí hacer algo que es dañino y tiene consecuencias; y mi elección permitió que mi florecimiento continuara.

Sobregiré a propósito mi cuenta bancaria para asegurarme de tener una vivienda segura, comida y necesidades básicas satisfechas. Sabía que si tenía mis necesidades cubiertas, podría hacer todo lo demás que necesitaba hacer.

Es interesante que la diferencia entre que yo esté "mentalmente bien" y alguna versión bastarda de la salud mental, en forma de palabra de diagnóstico, es a menudo tan básica: vivienda, alimentos, agua, seguridad, vestimenta, empleo, los niveles más básicos y necesarios de la jerarquía de necesidades de Maslow.

Es asombroso estar agradecido por ser incomprendido . . . ¡Me obligó a salvarme y lo hice!

Reducción de daños para los supervivientes del TEPTC (Trastorno de Estrés Post Traumático Complejo)*

1.   Si eres como yo; entonces entiendes lo que significa.

2.   Aquí hay algo sobre ti, que si otros entendieran; podrían tratarte mucho mejor.

3.   No importa lo que alguien diga, piense o haga, ¿cuáles son las tres cosas que son hermosas y especiales de ti?

Un problema es una solución en proceso

Si sueno como un disco rayado, es porque sueno como un disco rayado.

Una cosa de la que no todos los que leen esto pueden estar informados es que la música, en mi época, se escuchaba en un tocadiscos.

Esto es una expresión. Al usar la frase "como un disco rayado", estás usando una expresión.

Por eso es tan importante que consideremos la magnitud del peso y el poder que tienen nuestras palabras.

Entonces, ¿qué tiene esto que ver con el título de este pasaje?

Cuando digo que un problema es una solución en proceso, ¿ves lo fácil que es cambiarlo todo con un solo pensamiento?

Este es tu trabajo.

Tú eres tu trabajo.

Puedes mejorar tu vida o no.

No importa si te equivocas 18 veces hoy, y son sólo las 4:17 pm; porque el 19 es un amuleto.

Un problema es una solución en proceso Hoja de trabajo

1. Debido a que el autor de esta guía es un rockero punk, y un amante de la música, haciendo referencia a los discos de vinilo, ¿cuál es la canción o banda o álbum más salvaje y/o impactante o que más te cambió la vida? ¿Por qué?

2. ¿Sabes qué es el "ego" y cómo afecta a tu toma de decisiones, tu percepción y cómo te ves a ti mismo, a los demás y al mundo? Recomiendo buscar la definición de "ego" y averiguarlo por ti mismo.

3. Cuál es la lección capaz de mejorar la vida que has aprendido como resultado de sobrevivir a tus luchas más dolorosas?

La felicidad es una ilusión, ¿o no?

Cuando dices que eres feliz, ¿qué significa eso?

¿Eres feliz porque la emoción que sientes es lo que otros te han definido como felicidad?

¿Estás feliz porque la definición de felicidad que aparece en el diccionario define tus emociones en este momento?

¿Qué tal ahora?

Y . . . ¿qué tal ahora?

Lo que la gente que es abierta sobre su lucha a menudo no reconoce es que las personas que parecen ser bastante felices también están luchando con algo.

¿Estoy luchando ahora mismo?

Pero yo también soy feliz, y a veces me hago daño, y trabajo en la curación y el manejo y mantenimiento . . .

Si realmente quieres ser feliz debes entender que la felicidad es una ilusión, si tú crees que lo es.

Y . . . la felicidad es real si tú crees que lo es.

Y ... la felicidad es_____.

¿La felicidad es una ilusión, o existe? Hoja de trabajo

1.   Una sencila y difícil pregunta para empezar, simplemente: ¿Eres feliz?

2.   ¿Cuáles son las tres cosas que haces para sentirte mejor cuando no te sientes bien?

3.   Basado en todo lo que sabes sobre la vida y sobre vivir a tu manera; ¿es tu felicidad una elección?

Cómo sanar de la traición y encontrar la paz en tu corazón

Uno de los peores sentimientos que una persona puede experimentar es el de ser traicionado.

Poner tu confianza en el otro es compartir tu alma, y es invaluable.

Cuando las cosas van mal, entre tú y otro, puede sentirse como si te hubieran arrancado el corazón del pecho, pisoteado y prendido fuego . . .

Nacemos confiando en los demás. Nuestros padres, nuestros maestros, nuestros doctores y nuestras familias.

¿Qué hacer cuando esta confianza es traicionada?

¿Qué hacer cuando, de niño, esta confianza es traicionada?

¿Qué hacer cuando el daño es grave . . .

Tal vez si escribiera este pasaje mañana, tendría una respuesta mejor y más desarrollada.

Afortunadamente, es hoy y no me siento tan bien (trauma, traición, abandono, abuso financiero - todos los factores que contribuyen), así que tienes una respuesta real y cruda a la pregunta planteada anteriormente.

¿Cómo voy a curarme de esta traición y devolver la paz a mi corazón?

Este libro existe como parte de mi búsqueda para resolver esto.

Por favor, hazmelo saber si lo descubres, te lo agradecería mucho.

Cómo sanar de la traición y encontrar la paz en tu corazón
Hoja de trabajo

1.　¿Cuál es tu sugerencia para mí y el mundo sobre cómo sanar de la traición y devolver la paz a mi corazón? Esto no es una broma, te pido ayuda. Por favor, envíame tu respuesta a través de la información de contacto en la contraportada de este libro.

2.　Si has sido traicionado por aquellos en los que naturalmente se espera que podamos confiar en este mundo, ¿qué pasos has dado para poder aprender a confiar en ti mismo mientras continúas con el viaje de tu vida?

3.　Sé que si estás leyendo esto, en un momento u otro de tu vida, consideraste cómo sería el mundo si ya no estuvieras en él. El hecho de que estés vivo significa que te amas a ti mismo de una manera u otra. Eso es oro sólido en tu tanque de combustible espiritual. Por favor, reflexiona sobre esta pregunta; ¿por qué te levantas todos los días y haces lo que sea para estar aquí ahora mismo?

Cómo manejar las crisis públicas

La humillación . . . te devastará.

Conozco su dolor hiriente, ¿y tú?

¿Creen ellos que estoy loco?

¿Cómo podré mostrar mi cara de nuevo?

¿Estoy mejor muerto?

¿Alguien tiene alguna idea de lo terrible que me siento?

Debo estar realmente solo

¿Alguien sabe que mi "Craig tuvo un colapso público de nuevo" es una expresión de mi más profunda y cruda desesperación?

A la persona leyendo esto; Sé la vergüenza que viene de "volverse loco" publicamente.

Quiero que sepas que no estás solo y que sé que has escuchado ésto miles de veces.

Lo has escuchado de Prevención del suicidio, tu familia, tu comunidad, tu terapeuta, tu padrino. . .

Y sabes que cuando ellos dicen estas palabras, aunque las digan con sinceridad, incluso con amor, también sabes que lo que dicen no significa nada.

¿Mis palabras lastiman?

¿Es porque escuchas o lees a alguien decir la verdad prohibida o es porque sabes que es verdad?

Cómo manejar las crisis públicas Hoja de trabajo

1. Como es evidente al leer esto, claramente sobreviviste a todo lo que te ha pasado. Por lo tanto, la curiosidad plantea la pregunta: de todas las locuras que has hecho, ¿de qué te puedes reír?

2. La mayoría de las personas que experimentan crisis públicas han considerado abandonar este planeta debido a la vergüenza y otras razones; ¿Por qué estás vivo hoy?

3. ¿Crees que si tuvieras que entender y validar tus dolores más profundos y desesperados, experimentarías la sanación?

La revolución viene de adentro

París, 10:59 AM

Estoy rodeado de sobrevivientes de una docena de naciones.

Todos son maravillosos aquí. De verdad.

Este edificio alberga a dos docenas de corazones rotos, todos los cuales han elegido vivir.

Un joven que recientemente ha sido testigo de los últimos horrores, me dijo, "todos somos hermanos aquí".

Él y su hermano me ofrecieron un espacio unirme a ellos, durmiendo en un colchón tamaño queen; y lo hice.

La gente que ha visto su mundo derrumbarse, entiende el mundo de una manera que no todos lo hacen.

No es difícil sentir la energía de la libertad; en este espacio revolucionario.

Dos docenas de corazones rotos, unidos por algo que no hay palabras para describir, no es sólo c'est bon; c'est magnifique.

París, 11:20 AM

Tú eres este espacio revolucionario, tú debes ser tu revolución, debe venir desde adentro!

Cualquier humano que elija encarnar esta revolución se convierte en sus sueños.

Se crea un poder cuando tu vida antigua choca con tu nueva vida.

¿Estás enfrentando tu final o sabes que estás enfrentando tu comienzo?

Hay un espacio mágico que existe entre estas dos realidades.

Para que exista un comienzo debe haber un final.

Las preguntas de por qué estamos vivos, por qué estamos aquí y por qué existimos; se encuentran en el espacio entre el principio y el fin.

Tal vez la mayoría tiene miedo de probar algo que a menudo se considera prohibido.

Tal vez . . .

La revolución viene de dentro Hoja de trabajo

1. Si crees que algunas de las preguntas de estas hojas de trabajo son repetitivas, estás en lo cierto. Así que déjame preguntarte de nuevo, por qué importas: ¿qué estás haciendo hoy para ser la mejor versión posible de ti mismo?

2. ¿Qué es lo más loco que has hecho en tu intento de ser feliz, estar bien, tener éxito, estar satisfecho y ser la encarnación de lo que sea que estés destinado a ser desde que naciste?

3. ¿Para qué naciste? Y si crees que es una pregunta difícil, estás en lo cierto. Afortunadamente, eso no importa; entonces, naciste para convertirte en ¿quién?

Y, en desafío, todavía elijo el amor

Me desnudó publicamente

Me quemó 1000 veces con 100 cigarrillos

Me cortó el cuerpo con un cuchillo oxidado

Me golpeó entre las piernas con un tubo de metal

Empapó mi cuerpo desnudo en alcohol

Golpea lo que queda de mí hasta que solo haya contusiones

Déjame en la calle a morir

Y, en desafío, todavía elijo el amor

Cree en los Milagros . . .

Porque las palabras que acabas de leer están escritas por uno.

www.ingramcontent.com/pod-product-compliance
Lightning Source LLC
Chambersburg PA
CBHW080341290526
45791CB00009BA/2683